Moses Heinemann

Preußens Stammbaum aus dem Hause Hohenzollern

Moses Heinemann

Preußens Stammbaum aus dem Hause Hohenzollern

ISBN/EAN: 9783845725093
Erscheinungsjahr: 2012
Erscheinungsort: Bremen, Deutschland

www.unikum-verlag.de | office@unikum-verlag.de

Moses Heinemann

Preußens Stammbaum aus dem Hause Hohenzollern

Preußens Stammbaum

aus

dem Hause Hohenzollern.

Ein

Beitrag zur Vaterlandskunde.

Von

M. Heinemann.

Dritte verbesserte Auflage.

Berlin, 1841.

Verlag von C. Heymann.

Regentenfolge.

A. Kurfürsten.

B. Könige.

Gründung des Preußischen Regentenhauses durch Burggraf Friedrich VI. aus Hohenzollern, im Jahre 1415.

Unweit der Stadt Tübingen, im Königreiche Würtemberg, liegt das Fürstenthum Hohenzollern-Hechingen, in welchem vor uralten Zeiten ein sehr festes Bergschloß stand, das ebenfalls Hohenzollern hieß. Die Besitzer dieses Schlosses waren Burggrafen, welche Würde und Landeshoheit vom Jahre 1180 an, wo Conrad, der jüngere Sohn des Zollern'schen Grafen Rudolph, als erster Burggraf hervorgehoben wurde, erblich in der Stammlinie sich fortpflanzte. Die Bestätigung dieser Erblichkeit ging von den damaligen Kaisern aus, die, vermöge ihrer Macht und ihres Ansehns großen Einfluß ausübten. So erhielt Friedrich V., das sechste Glied in absteigender Linie des oben erwähnten Conrads, vom Kaiser Karl VI. im Jahre 1363 nicht nur eine solche Bestätigung als Burggrafen, sondern auch dazu noch die Würde eines Reichsfürsten. Sein fürstliches Besitzthum dehnte sich in ein zweifaches Gebiet aus; in das Burggrafenthum oberhalb des Fichtelgebirgs oder in den Baireuther Kreis, und in das Burggrafenthum unterhalb jenes Gebirgs oder in den Anspacher Kreis. Als er aber im Jahre 1398 verstorben war, theilten sich seine beiden Söhne: Johann III. und Friedrich VI. in das burggräfliche Erbe. Johann erhielt Baireuth, Friedrich aber nahm Anspach als Eigenthum in Besitz. Indeß fiel dem letztern im Jahre 1420, da Johann kinderlos starb, auch das Baireuther Gebiet zu.

Burggraf Friedrich's VI. Existenz, Karakter und Wirken erscheinen uns vorzüglich deshalb höchst wichtig, weil er später zum Besitze der Mark Brandenburg gelangte und er der erste war, der die Regentenreihe unsers erlauchten Preußischen Königshauses eröffnete.

Burggraf Friedrich VI., 1372 zu Nürnberg geboren, folgte als zweiter Sohn im gräflichen Besitzthume seinem Vater Friedrich V., dessen Gemahlin Elisabeth, Markgräfin von Meißen war. Er war sowohl durch seine wissenschaftlich ausgebildeten Geisteskräfte, als auch durch seine Talente, Klugheit und Tapferkeit als Feldherr ausgezeichnet, berühmt und allgemein verehrt. Einen besonders wohlwollenden Freund und Gönner hatte er an Sigismunden, dem Könige von Ungarn, der freilich große Vortheile durch ihn genoß, indem Friedrich ihm behülflich war, daß er 1411 die Würde als deutscher Kaiser erlangte und ihn auch öfters mit Geldvorschüssen unterstützte;

diese freundschaftliche Gesinnung jedoch ihm (Friedrichen) nicht unbelohnt ließ. Sigismund war nämlich der zweite Sohn des Kaisers Karl IV (der ältere Sohn des letztern hieß Wenzel und war König von Böhmen), der mit Gewalt und vermöge seiner gefürchteten Uebermacht die Mark Brandenburg sich zugeeignet und daselbst von 1373 bis 1378 regiert hatte. Als dieser nun 1378 gestorben war, fiel Sigismunden die Mark Brandenburg als Erbtheil zu. Nun war er zwar Geldmangels wegen, veranlaßt, dieses Märkische Besitzthum im Jahre 1388 an seinen Vetter Jobst, König von Mähren gegen ein empfangenes Darlehn zu verpfänden, doch erlangte er es im Jahre 1411, wo Jobst starb, als ein neu ererbtes Eigenthum wieder.

Indeß konnte er als Kaiser und König seinen aufmerksamen Regentenblick nicht von seinen eignen großen Staaten ablenken und ihn, wie es in der That eigentlich erforderlich war, sorgfältig auf die Mark Brandenburg richten; sondern mußte die Verwaltung und Statthalterschaft Andern überlassen und anvertrauen. Zu einem solchen Statthalter nun ward der Nürnberger Burggraf **Friedrich VI.** von Hohenzollern ernannt, und zwar wahrscheinlich aus der Rücksicht, daß er ein großer Schuldner des letztern geworden und ihm, in demselben Jahre noch, wo Jobst gestorben war, die Mark verpfändet hatte. — Je länger aber Friedrich die Verwaltung der Statthalterschaft über die Mark ausführte, desto öfterer ward sein reich gefüllter Schatz von Sigismund in Anspruch genommen und desto größer und bedeutender ward seine Forderung an den letztern, die dergestalt anwuchs, daß Sigismund, der es wohl erwogen haben mochte, daß eine Rückzahlung der, von Friedrich geliehenen Gelder fast unmöglich erschien, es für nützlich und zweckmäßig erachtete, ihm dafür die Mark Brandenburg mit der Kurwürde abzutreten. Diese Aufnahme in die Kurfürsten-Versammlung und die Abtretung dieser Würde geschah am 30. April 1415, wo Sigismund allen Märkischen Vasallen auf's angelegentlichste befahl, Friedrichen, als dem neuen Kurfürsten von Brandenburg die Huldigung zu leisten.

Und so bestieg Burggraf Friedrich VI. den Mark Brandenburger Kurfürstenthron, von welcher Zeit an er in der Geschichte: Friedrich I. heißt.

Regierung Friedrich's I. als Kurfürsten von Brandenburg.

Von 1415 (belehnt 1417) bis 1440.

Mit dem Antritte der Kurfürstlichen Regierung mußte Friedrich zugleich große Lasten übernehmen, denn im Lande hatte unbeschreibliche Unordnung obgewaltet, die zu beseitigen ihm ernstlich oblagen. Auch hatte er gegen viele Widerwärtigkeiten zu kämpfen, die ihm, von Seiten anderer Landesfürsten, die feindlich wider ihn dachten und handelten, große Unruhen verursachten. Doch überwand er alle Schwierigkeiten mit Muth, Gewandheit und Geistesgegenwart, und vermöge seiner Klugheit, friedlichen Gesinnungen und Herzensgüte vermochte er es, die Staats-Verhältnisse besser und beruhigender zu gestalten, so wie er durch Großmuth seine Neider und undankbaren Freunde, zu welchen letzteren auch Sigismund zu rechnen war, zur Anerkennung seiner richtigern Ansicht zu gewinnen verstand. Einen Beweis seiner Anspruchlosigkeit legte er besonders dadurch an den Tag, daß er das ehrenvolle Anerbieten zur Annahme der Kaiserwürde, zu welcher er nach Sigismunds Ableben (1437) von allen fürstlichen Höfen einstimmig gewählt wurde, bescheiden von der Hand wies. — Seine Regierungsperiode fällt in die traurige Zeit des Hussitenkrieges, der schreckliche Verheerungen in der Mark zur Folge hatte und Friedrichen viele Anstrengungen veranlaßte. Ueberhaupt mußte er, wiewohl von der Natur mit ausgezeichneter Stärke begabt, dennoch den Bekümmernissen, die seine mühevollen Kriegeszüge herbeigeführt hatten, seine Körperkräfte aufopfern, und erschöpft und entkräftet ging er am 21sten September 1440 in ein besseres Leben über. — Seiner hinterlassenen Söhne waren 4: Johann, mit dem Beinamen des Stillen, der das Burggrafthum oberhalb des Fichtelgebirgs (Bayreuth) erhielt;

Friedrich, den die Kur- oder Mittel- und die Ukermark als Erbtheil zufiel; Albrecht, der in den Besitz des Burggrafthums unterhalb des Fichtelgebirgs (Anspach) kam, und Friedrich der Fette, dem die Altmark und die Priegnitz ererbt wurde.

Kurfürst Friedrich II.

Von 1440 bis 1470.

Schon in den letzten drei Lebensjahren seines ruhmwürdigen Vaters, der größtentheils, von Brandenburg entfernt, in seinem fränkischen Burggrafthume verweilte, hatte Friedrich II. die Statthalterschaft in der Kurmark übernommen und er führte diesen fürstlichen Beruf mit solcher Ordnung, Treue, Sorgfalt und rechtlichen Grundsätzen aus, daß er sich in die Bedürfnisse und Verhältnisse des Landes eingeweihet und die Erfordernisse der Staatsverwaltung genau kennen gelernt hatte. Daher sein fürstlicher Vater es dem Zwecke angemessen fand, ihn in der einstigen Regierungs-Uebernahme der Mark Brandenburg dem ältesten Sohne Johann vorzuziehn.

Friedrich war zu Tangermünde am 19ten November 1413 geboren, erhielt jedoch seit seinem 9ten Jahre seine Erziehung in Polen, wodurch er auch eine Verlobung mit der Prinzessin Hedwig, Tochter des Polnischen Königs Wladislav Jagello bewirkte, welche Verlobung indeß keine eheliche Verbindung zur Folge hatte, indem Hedwig als Braut (1431) starb.

Friedrich, deshalb der Eiserne genannt, weil er sich in allen seinen Unternehmungen tapfer und standhaft zeigte, und in Ausübung rechtlicher Grundsätze die unerschütterlichste Beharrlichkeit an den Tag legte, bekundete durch seine Regierungsweise die bewundernswürdigste Klugheit, Umsicht, Gelassenheit und Liebe zum Frieden, daher er mit andern Fürsten in schönster Eintracht lebte. Seinen Kurfürstlichen Staat vergrößerte er zuerst durch die Neumark, die er im Jahre 1455 für 100 tausend rhein. Gulden von dem Preuß. Orden, der sie damals eigenthümlich besaß, an sich brachte, und alsdann durch die Altmark und Priegnitz, die ihm 1463 als Erbtheil von seinem Bruder Friedrich dem Fetten, der ohne Erben starb, nach der Bestimmung des väterlichen Testaments zu gefallen waren.

Er starb zwar erst 1471 am 10ten Februar, hatte aber die Regierung schon bei Lebenszeiten 1470 seinem jüngern Bruder Albrecht abgetreten und übergeben, da er kinderlos starb, indem seine beiden Söhne Johann und Erasmus ihm bereits in die Ewigkeit voran gegangen waren. Seine letzten Lebenstage verlebte er zu Plassenburg, wo er auch ruhig und sanft verschied.

Kurfürst Albrecht.

Von 1470 bis 1486.

Albrecht, zweiter Sohn Friedrich's I. ward zu Tangermünde am 24sten November 1414 geboren und beherrschte ein dreifaches Gebiet; das Fürstenthum Anspach, als väterliches Erbe; das Fürstenthum Bayreuth, vom ältesten Bruder Johann, der 1464 starb, ererbt und die Mark, von Friedrich II. freiwillig abgetreten.

Die Statthalterschaft der Mark aber übertrug er gleich anfangs seinem ältesten Sohne

Johann, dem er auch später (1476) die völlige Regierung derselben übergab, während er selbst in seinen Fränkischen Staaten lebte.

Albrecht stand sowohl bei allen deutschen, als auch ausländischen Höfen in großem Ansehen, weil er sich in jeder Hinsicht würdig und charaktervoll ausgezeichnet hatte. — Von Natur ein reizendes Bild körperlicher Schönheit und einflußreichen Anstandes, war er vielseitig gebildet, besaß musterhafte Staatsklugheit und kriegerischen Heldenmuth ohne Gleichen. Soldat im strengsten Sinne des Wortes, ward er seinen Feinden furchtbar, die schon sein bloßes Ansehn verscheuchte. Von allen Fürsten geehrt, konnte bei den Wahlen anderer Monarchen seine Stimme sich am geltendsten machen. Besonders war er ein Liebling und Günstling des Kaisers Friedrich III., der auch seinem Besitzthume noch das Pommersche Gebiet einverleibte. Seine beispiellose Tapferkeit im Kriege erwarb ihm den Beinamen Achilles und, seiner bewundernswürdigen Klugheit und Beredsamkeit wegen, nannte man ihn Ulysses.

Albrecht war in jeder Rücksicht groß und seine Einsicht bleibt allgemein anerkannt. Er stellte das Erbfolge-Gesetz auf, nach welchem immer derjenige Erbprinz, der zur Regierung der Kurmark gelangen würde, auch zugleich sämmtliche Marken beherrschen sollte.

Als 72jähriger Greis starb er plötzlich am 11ten März 1486 und ward in Heilbron zum fürstlichen Erbbegräbnisse bestattet.

Kurfürst Johann.

Von 1486 bis 1499.

Von den drei Söhnen, die Albrecht hinterließ, erhielt Johann, als der älteste Sohn, die Mark Brandenburg und die Kurwürde; Friedrich aber Anspach, und Sigismund Bayreuth.

Johann war am 2ten August 1455 geboren. Seine Erziehung und Bildung, die ihm trefflich zu Statten kamen, genoß er im Hause und unter persönlicher Mitwirkung seines Oheims, Friedrichs II.

Gleichwohl stand er, in Hinsicht rascher Thätigkeit, kräftiger Anstrengung, schneller Ueberlegung und geistiger Umsicht seinem Vater bedeutend nach, indeß ersetzte er diesen Mangel hinlänglich durch guten Willen und den rühmenswerthen Vorsatz, bei steter Unterhaltung eines heilbringenden Friedens, das Glück seiner Unthanen auf alle mögliche Weise zu befördern. Besonders erkannte er den unschätzbaren Werth und Einfluß der wissenschaftlichen Bildung und den Nutzen der Gelehrsamkeit, und mit rastloser Thätigkeit leitete er die Errichtung einer Universität zu Frankfurt an der Oder ein, zu welcher er den Plan begründete, dessen Ausführung er aber seinem Sohne und Nachfolger Joachim überließ und auf's nachdrücklichste anempfahl.

Den herrlichsten Ruf hinterlassend, starb er in der schönsten Blüthe des Lebens, nachdem er kaum das 43ste Jahr (am 9ten Januar 1499) zurückgelegt hatte.

Seiner tiefen Kenntnisse in der lateinischen Sprache wegen, und vorzüglich um seiner merkwürdigen Beredsamkeit Willen, nannte ihn sein Zeitalter: den Redner Cicero.

Kurfürst Joachim I.

Von 1499 bis 1535.

Kaum 15 Jahre alt, erhielt Joachim (geboren den 21sten Februar 1484) schon die, von seinem Vater ihm vererbte Regierung, bei deren Verwaltung er den festen Willen und die bewundernswürdigste Geistesstärke bekundete. Der Unterstützung im Rathe zur Ausführung seines fürstlichen Berufs, erfreuete er sich von seinem Oheime Friedrich in Franken, der ihm bis zu seinem 19ten Jahre bei den Erwägungen der Kurangelegenheiten zur Hand ging.

Auch er liebte die Gerechtigkeit und übte sie mit aller Strenge aus, ohne Rücksicht darauf zu nehmen, daß Unverständige seine wohlmeinende Absicht, sein Land von allen Unfugtreibenden zu befreien, verkannten und ihn der Grausamkeit beschuldigten. — Zur Ausübung der Gerechtsame stiftete er das hochwichtige Kammergericht zu Berlin, an welches er sogar selbst mit seinen Rechtsangelegenheiten sich wendete, so wie er zur Beförderung der Wissenschaften (1506) die Universität zu Frankfurt an der Oder errichtete.

In sein Zeitalter fällt die wichtige Reformation Luthers, die ihm allerdings manchen Kampf, Verdruß und viele Widerwärtigkeiten verursachte, zumal er durch seine, von ihm begünstigten Bischöfe gegen den Protestantismus mit Erbitterung eingenommen wurde, und sein Eifer dagegen dermaßen einen hohen Grad erreichte, daß er seine eigene Gemahlin Elisabeth von Dännemark, trefflichen und biedern Karakters, weil sie sich zur neuen Lehre bekannte, in's Gefängniß bringen lies und sich nie wieder um sie bekümmerte.

Nachdem er nun sein Land allmählig vergrößert und 36 Jahre lang das Zepter der Regierung geführt hatte, starb er am 11ten Juli 1535 zu Stendal, von Unterthanen geliebt, von Fürsten verehrt.

Kurfürst Joachim II.

Von 1535 bis 1571.

Mit Uebernahme der Regierung mußte Joachim II. gleichwohl einen Theil der Kurmark, namentlich die Neumark, das Fürstenthum Crossen und den Lausitz'schen Antheil seinem Bruder Johann überlassen. Diese Besitzungen fielen jedoch seinen Grenzen wieder zu, als Johann mit Tode abging; dieß war freilich erst in dem letzten Lebensjahre Joachim's II.

Joachim II. den 9ten Januar 1505 geboren, ward unter unmittelbarer Leitung seines Vaters Joachim I. und dessen Bruder, also seines Oheims, des Erzbischofs Albrecht erzogen und durch die anerkanntesten Gelehrten damaliger Zeit wissenschaftlich gebildet, welche Bildung höchst vortheilhaft auf seinen Geist und sein Herz wirkte, denn er besaß und bewies sehr viele tugendhafte Eigenschaften.

In Betreff der Religion, die damals durch Luthers Reform ganz Europa in Aufregung brachte, so war er schon als Kurprinz der neuen lutherischen Lehre mit voller Neigung zugethan und wiewohl er sie in den ersten vier Regierungsjahren geheim und unvermerkt eingeführt hatte, so bekannte er sich dennoch im Jahre 1539 öffentlich zu ihr.

Allerdings hatte er auf die Gährungen, welche durch die Reform die Gemüther beunruhigten, ein aufmerksames Auge zu richten, besonders reizte die Erbitterung Karl's V. der als deutscher Kaiser und Spanischer König den Katholicismus eifrig verfocht, seine Empfindungen zum Verdruß und zur Mißstimmung; jedoch kamen auch hier seine Klugheit und Umsicht ihm zu Statten, und auf eine schickliche Weise trat er oft als Vermitteler zwischen Protestanten und Katholiken auf, um ein friedfertiges Gleichgewicht zu begründen, vorzüglich während des Schmalkaldenen Krieges, der 1546 zwischen den Protestanten und dem Kaiser zum Ausbruche kam.

Joachim besaß werthvolle Tugenden, und rechtschaffen gesinnt, suchte er den Gewerbefleiß und den Handel zu heben; doch das Eine ist ihm als Fehler anzurechnen, daß an seinem Hofe nicht nur keine Sparsamkeit und Eingezogenheit zu rühmen war, sondern sogar seine Pracht in Verschwendung ausartete, was natürlich in finanzieller Hinsicht keinen guten Erfolg haben konnte, indem Schulden und Lasten für die Unterthanen daraus erwuchsen.

Er starb plötzlich am 3ten Januar 1571.

Kurfürst Johann Georg.

Von 1571 bis 1598.

Er war am 11ten September 1525 geboren. Von Merkwürdigkeiten in politischen und Krieges-Angelegenheiten ist in seiner Regierungs-Geschichte nichts mitgetheilt. Sein Verdienst gründet sich bloß auf die Aeußerung guter Handlungen, die Bildung und sittlich-rechtliche Eigenschaften bekundeten, was allerdings die Beförderung und Erhebung des Wohls seiner Unterthanen zur Folge hatte. Besondern Ruhm erwarb er sich durch seine musterhafte Sparsamkeit und eingezogene Lebensart; durch das Streben, sein Land von Schulden zu reinigen und durch seine friedliche Gesinnung, vermöge welcher er im Stande war, Eintracht zwischen den streitenden Religions-Partheyen herzustellen, da nämlich in seiner Regierungszeit die Streitigkeiten der Calvinisten (Reformirten) gegen die Protestanten sich erhoben. Auch zeigte er große Liebe zu den Wissenschaften, deren Beförderung, so wie die Erziehung der Jugend ihm sehr am Herzen lagen, daher er 1574 das Berlinische Gymnasium gründete.

In einem Alter von 73 Jahren, starb er 1598 am 8ten Januar.

Kurfürst Johann Friedrich.

Von 1598 bis 1608.

Als ältester Sohn und Nachfolger des vorigen Kurfürsten, erhielt Joachim Friedrich (geboren den 27sten Januar 1546) die Regierung, welche sich ebenfalls durch keine Merkwürdigkeit auszeichnete, indem sie ganz den stillen, friedlich ruhigen Karakter der vorigen beibehielt. In die, immer lebhafter gewordenen Religions-Streitigkeiten mischte er sich durchaus nicht; wohl aber beförderte er alles, was seinem Lande und Volke Nutzen bringen und die wissenschaftliche Bildung erweitern konnte. Zu Joachimsthal gründete er (1607) ein Gymnasium, das später nach Berlin verlegt wurde. Da sein Vater das, von dem Kurfürsten Albrecht aufgestellte Erbfolgegesetz vergessen, und die Neumark für einen andern Sohn (Christian, ältesten Sohn dritter Ehe) bestimmt hatte, Joachim Friedrich aber auf Grund jenes Gesetzes dieser väterlichen Bestimmung sich widersetzte, so trat sein Vetter Georg Friedrich, Markgraf von Anspach und Bayreuth, letzter Sprößling der Hohenzollern'schen Linie, als Vermittler auf, und es wurde (1598) zu Gera im Voigtlande ein Vertrag geschlossen und (1599) zu Magdeburg bestätigt, nach welchem festgestellt wurde, daß das Recht der Erstgeburt gelten und jeder künftige Kurfürst die Herrschaft über die gesammten Marken erhalten; in Franken nur zwei Markgrafen herrschen, die übrigen Prinzen aber mit bestimmten Geldsummen abgefunden werden sollten.

Joachim Friedrich hatte nicht das Glück, lange zu regieren, denn er starb schon 1608, am 18ten Juli, nachdem er erst 10 Jahre die Kurfürstenwürde bekleidet hatte.

Kurfüst Johann Sigismund.

Von 1608 bis 1619.

Schon sein Vater Joachim Friedrich hatte von dem genannten Markgrafen Georg Friedrich, der 1578 als Verweser von Preußen, das damals nur noch Herzogthum war, ernannt worden und kinderlos starb, die Vormundschaft über dieses Land erhalten, und Johann Sigismund, der ihm als Kurfürst folgte, richtete seine ganze Thätigkeit darauf, es zu bewirken, daß er zu dem eigenthümlichen Besitze desselben gelange, welches Ziel er auch 1618, ein Jahr vor seinem Tode, nach Wunsch erreichte. — Außer dem Erwerb des Herzogthums Preußen aber, erweiterte er seinen Staat durch Besitznahme noch vieler anderer Länder, die ihm durch Erbschaften zufielen, durch welche letztere seine Regierung höchst merkwürdig in der Geschichte ist. Diese ererbten Länder waren die Herzogthümer Jülich, Cleve und Berg, die Grafschaften Ravensberg und Mark und die Herrschaft Ravenstein.

Als er wenige Wochen vor seinem Ableben sich sehr entkräftet fühlte, übergab er seinem Sohne **Georg Wilhelm**, der damals 24 Jahre alt war, die Regierung und starb am 23sten Dezember 1619 zu Berlin.

Kurfürst Georg Wilhelm.

Von 1619 bis 1640.

Georg Wilhelm war den 3ten November 1595 geboren, und seine Regierungsperiode fiel in die traurige Zeit, wo der 30jährige Krieg mit seinen Gräueln eine Verheerung im Lande anstiftete, bei deren Schilderung allein schon unsere Empfindung so empört wird, als hätten wir sie selbst wahrgenommen. Ein kummervoller Zeitabschnitt in der Geschichte, in dem sich alle Menschlichkeit, alles Gefühl verläugnete! Leider war Georg Wilhelm ein Fürst, dem der Muth und der Wille gebrach, kräftig einzuschreiten, sonst würde er dem Uebel und den bösen Folgen, die sein Land und Volk entgelten mußten, gesteuert haben. Leider war er der erste Brandenburg'sche Regent, der ohne fürstlichen Ruhm, das Wohl seiner Unterthanen gefördert zu haben, aus der Welt ging, wiewohl er an sich gutmüthigen Karakters war. — Den jammervollsten und beklagenswerthesten Zustand erblickend, starb er am 20sten November 1640 in Preußen, wo er sich oft aufhielt und wohin er sich in dem letzten Lebensjahre mit seinem Sohne, dem Kurprinzen Friedrich Wilhelm begeben hatte.

Friedrich Wilhelm, genannt: der große Kurfürst.

Von 1640 bis 1688.

Mit Recht wird Friedrich Wilhelm (geboren am 6ten Februar 1620 zu Kölln an der Spree) der große Kurfürst genannt; denn er war groß an Verstand, groß an Talent, groß an Karakter, groß an Muth, groß in religiösem Vertrauen und groß an Erfahrungen. Seine Erziehung und die Entwickelung seiner Anlagen zu den Wissenschaften, leitete Friedrich von Kalkuhn, genannt Leuchtman, und seine Staatsbildung genoß er auf der Holländischen Universität Leyden, wohin er 1634 sich begab. — Widerwärtigkeiten und Leiden vom hartnäckigsten Karakter suchten seine 48jährige Regierung heim, und seine unbeschreiblich großen Sorgen nahmen kein Ende und raubten ihm alle Ruhe. Sein eigenes Land fand er, bei'm Regierungs-

Antritte in der schrecklichsten Unordnung und sein Volk in der jammervollsten Lage der Armuth und Zerrüttung.

Diese Lage wurde natürlich durch die lasterhafte Gehässigkeit der gegenseitigen verschiedenen Religionspartheien begründet und hatte die betrübendsten Folgen herbeigeführt. Nicht nur aber, daß ihm das Verhältniß seines eigenen Staates so vielen Kummer verursachte; auch von außen ward er unaufhörlich in seinem Streben gestört, denn fast alle europäische Mächte hatten ihn in die hartnäckigsten Kriege verwikkelt, besonders mußte er an dem leidigen 30 jährigen Kriege, der von 1618 bis 1648 die Menschheit in Schrecken setzte und unbeschreibliche Verwüstungen anstiftete, noch Antheil nehmen.

Außer diesem trübseligen Zustande, hatte er auch noch mit Widerwärtigkeiten zu kämpfen, die von seinem häuslichen Kreise ausgingen. Verläumdungen heuchlerischer Umgebungen bewirkten Spaltungen in der Familie und stiefmütterliche Gesinnungen von Seiten seiner zweiten Gemahlin, Dorothea von Holstein-Glücksburg, die in Vergleich seiner ersten — einer Prinzessin von Nassau-Oranien — nur als ein verdunkelnder Schatten zu betrachten war, fachten den lodernden Funken des Hasses gegen Friedrich, seinen dritten Sohn, der, weil die beiden ältesten Söhne frühzeitig gestorben waren, in der Kurwürde folgen sollte, immer mehr zur Flamme an, und so häufte sich Schmerz auf Schmerz und Verdruß auf Verdruß, der wie ein vergiftender Wurm an seinem edlen Herzen nagte. Dessen ungeachtet ertrug er mit überwindender Geduld, Großmuth und Würde alle diese Leiden und kränkende Empfindungen, und Nichts vermochte seine frommen Grundsätze zu erschüttern, und ihn in seinem Streben, das Wohl seiner Unterthanen zu heben, irre zu machen.

In der That auch blieben seine mühevollen Anstrengungen nicht erfolglos, denn sein Land wurde allmählig vergrößert und der Standpunkt der Künste und Wissenschaften auf eine höhere Stufe gebracht. Ihm verdankt das Postwesen in den deutschen Besitzungen (1650) sein Entstehen, so wie die Anlegung des, für den Handel höchst wichtigen, Kanals bei Müllrose — von ihm Friedrich Wilhelms Kanal genannt — (1668) zur unmittelbaren Verbindung der Oder mit der Spree und, vermittelst der Spree und Havel, zur mittelbaren Vereinigung der Elbe mit der Oder verordnet und ausgeführt wurde. Auch ist von ihm das Friedrich Werder'sche Gymnasium zu Berlin und die Universität zu Duisburg gestiftet worden.

Ueberhaupt schreiben sich von ihm ungemein viele und wesentliche Verbesserungen im Staate her, und sein Ruf verbreitete sich durch alle europäische Lande und sein Ansehen hatte einen solchen Einfluß auf die Gemüther und den Willen aller Staatsregenten, daß sie mit Anerkennung und Verehrung seiner Klugheit und Umsicht gern in seine Friedensvorschläge willigten, die eine allgemeine Eintracht bezwecken sollten. — Vorzüglich vortheilhaft wirkte er bei der Herstellung des westphälischen Friedens (1648).

Von Gerechtigkeitsliebe beseelt, war er beharrlich in der Ausübung der Ordnung, und wenn hierin sein Eifer die Grenzen der Strenge bisweilen überschritten zu haben scheinen, so ist dieser Umstand mehr seinem hitzigen Temperamente, als einem kleinlichen Eigensinn zuzuschreiben, denn sein Herz war voller Güte und Edelmuth und sein anspruchloser Karakter verdiente Achtung und Verehrung, die ihm auch jedermann zollte.

Mit dem bedeutungsvollen Troste, für seine Mit- und die Nachwelt nach Pflicht gedacht und gehandelt zu haben, starb er, allgemein geliebt und geehrfürchtet, am 29sten April 1688

Kurfürst Friedrich III. oder seit 1701 König Friedrich I.

Von 1688 bis 1713.

Nachdem die beiden ältesten Söhne des großen Kurfürsten bei dessen Lebzeiten schon verstorben waren, ererbte der dritte Sohn, nämlich Friedrich III. den kurfürstlichen Thron und die Regierung.

Er wär am 12ten Juli 1657 zu Königsberg in Preußen von der ersten Gemahlin seines Vaters, der liebenswürdigen und allgemein verehrten Louise Henriette, Tochter des Niederländischen Statthalters Friedrich Heinrich von Nassau-Oranien, geboren, und in der ersten Zeit unter Leitung des Freiherrn Otto von Schwerin erzogen. Letzterer, ein weiser, tugendhafter Mann, der in dem Herzen und den Gesinnungen des Prinzen auf immer eine unerschütterliche Hochachtung für Religion und Tugend zu befestigen wußte, gab der Erziehung die unwandelbarste Richtung der Gerechtigkeit. — Sein nachheriger würdiger Lehrer und wahrhaft treuer Freund und Rathgeber, war Freiherr Eberhard von Dankelmann, der ihm seiner ehrenvollen Verdienste wegen, unentbehrlich ward.

Ist es gleichwohl nicht unwahr, daß Friedrich schon frühzeitig eine auffallende Reizbarkeit und Hitze des Temperaments zeigte, so darf doch nicht vergessen werden, daß sein, von Natur ungestalteter Körper an diesem Fehler großen Antheil hatte; er war nämlich kleiner Figur von schwachem äußern Ansehn und litt an Brustbeschwerden, welche Krankheit in der Regel die Reizbarkeit nährt.

Abgesehen von diesem Naturfehler war Friedrich von Karakter höchst gutmüthig und für Wohlthun gesinnt. Auch hob sich durch seine Regierung der Erwerb- und Nährstand. Hierzu mag wohl die Einrichtung seines eigenen Hofhaushaltes viel beigetragen haben, da er für Pracht, Prunk und Luxus sehr eingenommen war. Mit diesem Sinne für äußern Glanz verband sich noch die Rang- und Titelsucht, die seine Eitelkeit so steigerte, daß er die theuersten Opfer brachte, um die Würde eines Königs zu erlangen. In der That erreichte er auch diese hohe Stufe und mit dem glänzendsten Aufwand schmückte er den 18ten Januar 1701 zu Königsberg sein Fürstliches Haupt mit der Königskrone, indem er sich Friedrich I.

König in Preußen nannte *). Auch seine Gemahlin ward gleichzeitig mit ihm als Königin gekrönt. Sie war die Tochter des Hannöverschen Kurfürsten Ernst August, hieß Sophie Charlotte, (nach deren Namen und ihr zu Ehren ihr königlicher Gemahl Charlottenburg erbauen ließ) und war seine zweite Gemahlin, die schon **1705** zum größten Schmerze ihres königlichen Gemahls und aller Unterthanen aus der Welt schied.

Friedrich war der erste, der den schwarzen Adlerorden gestiftet. Dieses geschah am Tage vor seiner Krönung und zum Andenken an die Erhebung des Herzogsthums Preußen zum Königreiche.

Mit der Bekleidung der majestätischen Königswürde hob sich natürlich das Ansehen seiner

*) König von Preußen würde besagt haben, daß er über ganz Preußen die Regierung gehabt, welches in der That aber nicht der Fall war, da er eigentlich nur Souverain von Ostpreußen gewesen war.

Regierung und seines Staates, und mit dem lebhaftesten Eifer sorgte er für eine bessere Gestaltung aller Verhältnisse. Gleichwohl mußte er an den Kriegen anderer Mächte durch Stellung seiner Hülfstruppen Theil nehmen; in seinem eigenen Lande aber herrschte Ruhe und Friede. — Selbst wissenschaftlich gebildet, lag ihm die Errichtung von Unterrichts- und Bildungs-Anstalten sehr am Herzen. Schon 1688 ward von ihm in Halle eine Ritterakademie, durch Thomasius'ens Vorlesungen berühmt — gestiftet und 1694 die Universität daselbst eingerichtet. 1700 entstand zu Berlin die Akademie der Wissenschaften, die den großen Gelehrten einen Einigungspunkt für ihre Kenntnisse gewährte. Als Nachahmung der Akademie für Maler und Bildhauer in Rom und Paris, die damals die beiden ersten in Europa waren, stiftete er in Berlin ebenfalls eine solche, als die erste in Deutschland.

Noch hatte er das Greisenalter seiner Ahnen nicht erreicht, als schon der Zustand seiner Gesundheit sich sehr verschlimmerte; besonders wirkte die, an Wahnsinn gegränzte Gemüthsstimmung seiner dritten Gemahlin, der frömmelnden Sophie Louise, einer Meklenburg-Grabowschen Prinzessin *) sehr nachtheilig auf sein, ohnehin sehr schwaches und reizbares Nervensystem, und von einer schleichenden Auszehrung gequält und gemartert, starb er am 25sten Februar 1713, im 25sten Jahre seiner Kurfürstlichen und im 12ten seiner Königlichen Regierung.

Vergrößert und erweitert ward sein Land sowohl durch Ankauf (so z. B. des Amtes Petersberg bei Halle u. a. m.), als auch durch

---

*) Seine erste Gemahlin war eine Hessen-Kassel'sche Prinzessin, die schon 1683 starb und ihm eine Tochter hinterließ.

Erbschaft einiger Ländertheile aus der Verlassenschaft seines Vetters Wilhelm von Oranien, König von England, der 1702 kinderlos starb. Unter die letztern gehören außer mehrere Grafschaften auch das Fürstenthum Neufchatel in der Schweiz.

König Friedrich Wilhelm I.

Von 1713 bis 1740.

Von Friedrich Wilhelm I. Sohn und Thronfolger seines Vaters Friedrich I. (geboren den 15ten August 1688) darf man gewissermaßen behaupten, daß er ein wahrhaft reiner Naturmensch gewesen sei, dem ein fester und beharrlicher Gerechtigkeitssinn inne wohnte, als wäre er ihm angeboren gewesen. — Eine höhere Entwickelung seiner Geistes-Anlagen, die zur Ausspinnung tieferer Ideen, zur Erlangung eines nutzreichen Zwecks erforderlich sind, vermissen wir aus dem Grunde an ihm, weil die, den vernünftigen Grundsätzen entgegen gewirkte Unterrichts-Methode seines Lehrers Rebeur, eines gebornen Schweizers ihm allen und jeden Geschmack und Wohlgefallen an einer feineren Bildung verleidete. Hiervon indeß abgesehen, besaß er gesunde Urtheilskraft, die ihm bei der weislich sparsamen Einrichtung seiner innern Staatsverwaltung sehr zu Statten kam.

Seine besondere Liebe zum Soldatenstande, verdankte er namentlich der Leitung des Grafen Alexander von Dohna, der als Oberhofmeister seinem ganzen Wesen eine ernste Richtung zu geben wußte. — Seine erste Erziehung genoß er zu Hannover am großväterlichen Hofe, gleichzeitig mit dem nachmaligen Könige von Großbritanien, Georg II. und dessen Schwester der Prinzessin Sophie Dorothee, die einst (1706) seine Gemahlin ward.

Als Friedrich Wilhelm an den Hannöverschen Hof kam, war er erst 3 Jahr alt (1691) und schon nach 2 Jahren (1693) kehrte er, von einer innern Abneigung gegen die Sinnesart des Prinzen Georgs dazu getrieben, wieder nach Berlin zurück.

Ein entschiedener Feind aller Eitelkeit und Verschwendung, war es bei'm Antritt der Regierung seine erste und ernstlichste Sorge, den Zustand der Hof- und Staatsfinanzen, der durch die übertriebene Pracht seines Vaters bedeutend geschmälert wurde, besser und günstiger zu gestalten, und statt des, vorherrschend gewesenen Glanzes eine vernunftgemäße Sparsamkeit und ordnungsvolle Staatswirthschaft einzuführen.

Letztere verscheuchte natürlich alle solche Subjekte vom Hofe, die nur, um ihrer Wollust fröhnen und nur ihr eigenes Interesse steigern zu können, ohne das Wohl des Staates im Auge zu haben, dem Regenten heuchelten.

Friedrich Wilhelm's Regierung war eine ruhig friedliche, und nur für das Wohl der Unterthanen sorgende, obwohl er an den Kriegen anderer Mächte Theil genommen hatte. — Die Staatsgeschäfte theilte er unter mehrere Minister, von denen besonders Samuel, Freiherr von Cocceji als Justizminister durch seine großen Verdienste sich ein Denkmal der Hochachtung aller Preußen gestiftet hat.

Die Bevölkerung seines Staates lag dem Könige, der die Gerechtigkeit streng gehandhabt, sehr am Herzen und er bemühete sich, Preußen mit Kolonisten aus Schwaben, der Schweiz, Pfalz und Salzburg zu besetzen. —

Obgleich selbst eifriger Protestant im strengsten Sinne des Worts, gestattete er dennoch jeder andern Religionspartheí in seinem Lande volle Freiheit und bewies sich höchst tolerant gegen sie. — Angelegentlich sorgte er für die Verbesserung des Volks-Unterrichts, indem er mehr als tausend Schulen stiftete. — In Potsdam gründete er (1722) ein großes Waisenhaus, das zur Aufnahme von 2500 armen, elternlosen Soldatenkindern bestimmt wurde.

Berlin verdankt ihm die Entstehung des Kadettenhauses (1717), das medizinisch-chirurgische Collegium (1724), die Charité (1727) und noch mehrere wohlthätige Anstalten. —

Auch strebte er für die Verbesserung und Verschönerung vieler Städte seines Landes, unter welchen er namentlich: Magdeburg, Memel, Stettin und Wesel besonders stark befestigen

Für den Soldatenstand bis zum höchsten Grade eingenommen, verwand er sehr viel zur Aufstellung und Erhaltung einer großen Armee, die bei seinem Tode fast 80tausend Mann stark und unter welchen seine Leibgarde, ihrer Riesengröße wegen, berühmt war. Weniger that er für die Beförderung höherer Künste, woran wohl die unverzeihliche Vernachläßigung des oberwähnten Lehrers Rebeur nur allein Schuld gewesen sein dürfte.

Gottesfürchtig und redlichen Sinnes und mit dem ruhigen Bewußtsein, stets als ein sorgsamer Landesvater regiert zu haben, bereitete er sich auf seinen Tod vor, der in Folge einer Wassersucht am 31sten Mai 1740 erfolgte.

Friedrich II. der Große.

Von 1740 bis 1786.

Kaum entfaltet sich herrlich die duftende Blüthe der Jugend, als schon oft, ehe noch die Früchte reifen, ein Hauch des Geschicks stürmisch wehet und der Pflanze Verderben droht. So stellen sich oft frühzeitig schon bittere Leiden auf die Lebensbahn, um den Wanderer den Fortschritt zu hemmen.

Diese Leiden aber öffnen dem Menschen die Schule der Erfahrung; führen ihn zur Erkenntniß, zum Nachdenken und zur Besonnenheit; regen sein Gefühl an zur Theilnahme an dem Schicksale seiner Mitmenschen, stimmen ihn zum Ernste, erheben ihn über alles irdisch Vergängliche, beleben ihn mit Muth, stärken sein Vertrauen und leiten ihn endlich zur Ausführung edler, gottgefälliger Grundsätze.

Einen solchen Schwung in die höhere Sphäre des Lebens nahm der Geist Friedrich's II., dessen Leben und Wirken den ehrenvollsten Raum in der Geschichte der Menschheit und der Ereignisse einnimmt.

Geboren zu Berlin den 24sten Januar 1712, ward gar bald sein Talent und seine Gesinnung von seinem eigenen Vater verkannt, und widerwärtige Familienzwiste bestimmten ihn, bei Gelegenheit einer Reise, die er mit dem Vater nach Westphalen machte, zu dem kühnen Entschlusse, von Wesel aus nach England zu flüchten, und zwar in der Absicht, um sich daselbst mit der englischen Prinzessin Amalie, Tochter seines Oheims, Georg's II. zu vermählen.

Letzterer sowohl, als auch seine Mutter wünschten diese Verbindung sehnlichst; doch werden oft des Menschen Pläne schnell vereitelt, und, gleichwohl schon auf der Flucht begriffen, wurde diese dennoch durch unvorsichtige Aeußerungen seines innigsten Freundes, des Lieutenants Katt, der seine Unüberlegenheit mit dem Leben büßen mußte, verrathen, er selbst unfern Wesel eingeholt und auf Befehl des Vaters nach der Festung Küstrin in die äußerst strengste Haft gesandt:

Diese väterliche Züchtigung, die natürlich keinen andern Zweck hatte, als den kindlichen Widerspruch zu rügen, war übrigens für Friedrich von erfolgreichem Nutzen, denn er mußte an den Staatsverwaltungen der Domainenkammer zu Küstrin Theil nehmen und erweiterte dadurch seine Kenntnisse und Wissenschaften, für die zukünftige Regentschaft anwendbar, auf's bedeutendste. — Mit dem Königlichen Vater endlich wieder ausgesöhnt, vermählte er sich — freilich wider Willen — (1733) mit der Prinzessin Elisabeth Christine von Braunschweig-Bevern, die er in Rücksicht auf seine erworbene

Bildung, gleichwohl hochschätzte, nie aber lieben konnte, weil, wie sich von selbst versteht, die Ehe eine, vom Vater erzwungene war. — Später erst, als er (1734) den König nach dem Kriegesschauplatze am Rhein begleitete, erkannte letzterer seinen Irrthum, in welchem er gegen die Gesinnungen des geistreichen Sohnes war, und faßte nun eine bessere Meinung von ihm. Als Zeichen der Aussöhnung und Zufriedenheit mit ihm, schenkte er ihm das, durch seine romantische Lage reizende Städtchen Rheinsberg zum Eigenthume, wo er von seiner Rückkehr in's Vaterland bis zur Thronbesteigung (1740) ununterbrochen seinen Aufenthalt nahm und sich allda ganz den Musen widmete.

Friedrich II. führte mit allem Rechte den Namen des Großen und Einzigen; denn groß ward sein Name, mächtig sein Ruf und einzig sein Wirken, als Regent, Landesvater und Kriegesheld. Seine ausgezeichnete Tapferkeit verräth nicht nur unerschütterliches Vertrauen und beharrliche Standhaftigkeit in den Gefahren, die ihm in Zeiten des Krieges so oft drohten, sondern sie giebt auch von einer beispiellosen Geistesgegenwart den untrüglichsten Beweis. Aus seiner Regierungsweise, seinem Verhältnisse, in welches er sich zu den Unterthanen stellte, und der Leitung seiner Feldzüge, entnehmen wir die größte Klugheit und den bewundernswerthesten Scharfsinn. — Seine Gewandtheit in den Kriegesunternehmungen verdankte er der, schon als Knabe erhaltenen, militärischen Leitung des Generals, Grafen von Finkenstein und des Obersten von Kalkstein; seine wissenschaftliche Bildung aber und die Vorliebe für die höhere Gelehrsamkeit, die das geistige Denkvermögen in Anspruch nimmt, besonders dem Franzosen **Etienne de Jandun**, der ihm frühzeitig als Lehrer gegeben ward.

Außerdem bereicherte er seine wissenschaftlichen Kenntnisse durch den Umgang und lebhaften Briefwechsel mit großen Gelehrten in mehreren Staaten, unter welchen z. B. der Graf Manteufel, der sächsische Gesandte von Suhni, Voltaire, Gellert, Fontenelle u. a. m. bekannt sind.

Als Weltweiser und Staatskundiger bewährte er sich durch seine Schriften, die er in französischer Sprache abfaßte und herausgab. — Als ausgezeichnet tapferer und, in politischer Rücksicht merkwürdig gewordener Feldherr, ward er durch die schlesischen Feldzüge und den allgemein bekannten siebenjährigen Krieg berühmt, bewundert und gefürchtet, indem sein Ruf durch's ganze Land erscholl und auch in fremden Staaten, ja selbst sogar in andern Erdtheilen sich ein Denkmal der Bewunderung stiftete. — Seine Kriege waren merkwürdig; erstaunenswerther aber noch seine Siege, die er auch selbst dann errungen, wenn der Feind an Mannschaft und Geschütz ungleich zahlreicher war und die Gefahr und der Untergang unvermeidlich schien.

Ungewöhnliches Glück war ihm allerdings günstig und erregte darum Neid und Mißgunst, selbst unter denen, die früher als Bundesgenossen an ihn sich angeschlossen, dergestalt, daß er stets neuen Kämpfen zu widerstehen hatte. —

Sein Muth und seine Entschlossenheit kamen ihm indeß sehr herrlich zu Statten und furchtlos überwand er alle Schwierigkeiten. — Der erste von den, bereits gedachten schlesischen Kriegen, der, auf ältere Ansprüche gegründet, den Erwerb der schlesischen Fürstenthümer Brieg, Jägerndorf, Liegnitz und Wohlau, die Maria Theresia (Tochter Kaisers Karl VI., welcher als letzter männlicher Stamm aus dem Hause Habsburg den 20sten Oktober 1740 gestorben war) ihm streitig machte, bezwecken sollte, begann 1740 und daurte bis 1742. Der zweite, durch neue Reizungen veranlaßt, nahm 1744 seinen Anfang und endigte 1745, von welcher Zeit an, der geschlossene Friede bis 1756 dauerte, wo aber dann der dritte schlesische oder der sogenannte 7jährige Krieg ausbrach, der von allen Seiten unzählbare Opfer kostete und erst 1763, durch den, auf dem sächsischen Jagdschlosse Hubertsburg, am 15ten Februar abgeschlossenen Frieden, der allgemein so sehnlichst gewünscht wurde, aufhörte.

Durch diesen (Hubertsburger) Friedensschluß das Erobrungsziel erreicht, hatte Friedrich seinen Staat nicht nur mit den erworbenen Schlesischen Fürstenthümern bereichert, sondern ihn auch durch das, ihm zugefallene Preußisch Polen (Westpreußen) bedeutend erweitert, und nun war es ihm vergönnt, die Ruhe und Wohlfahrt seines Landes und Volkes herzustellen und Alles, was nur einem zufriedenen Leben ersprießlich sein konnte, in Flor zu bringen. Mit eifriger Sorgfalt beförderte er die Bevölkerung durch willige Aufnahme fremder Einwanderer aus fremden Ländern; die Künste,

Wissenschaften, Gewerbe und strenge Ausübung der Rechtspflege blüheten unter seiner Fürsorge, und seine Unterthanen lebten höchst glücklich unter seinem Schutze und seiner Regentschaft. Auch hatte sein unermüdetes, reelle Klugheit und strenge Gerechtigkeit bewährtes, Streben, ihm die günstigste Meinung bei allen Europäischen Staaten und Völkern gesichert. — Durch vernünftige Sparsamkeit verbesserte er den Zustand der Finanzen und hinterließ einen ungemein bedeutenden Schatz an Geld und Einkünften. Zum Nutzen dieser Staats-Einnahmen kaufte er (1763) die sehr einträgliche Porzellanfabrik zu Berlin.

Außer diesem Ankaufe errichtete er daselbst zum Nutzen der Kriegeskunst 1766 die Militairschule; 1768 entstanden daselbst zur Belebung des Handels, des Bergwerks- und Hütten-Departements, die Assecuranzkompagnie, die Wechsel- und Leihbank; 1769 ließ er das neue Schloß bei Potsdam (Sanssouci) vollenden;

in den folgenden Jahren wurden noch mehrere, sehr wichtige Anstalten und 1777 die Bibliothek zu Berlin errichtet. — Aus allen diesen Einrichtungen lassen sich die rechtlichsten und uneigennützigsten Absichten des großen Monarchen erkennen, und solche herrliche Verdienste bildeten den kostbaren Schmuck, der die Zierde seines weisen Hauptes war. — Geliebt und verehrt von Allen, die ihn kannten und von ihm gehört haben, starb Friedrich der Einzige am 17ten August 1786 auf seinem Schlosse Sanssouci im 75sten Jahre seines Alters und im 47sten seiner weisen Regierung.

Des großen Fürsten würdig, wurde seine sterbliche Hülle in der Garnisonkirche zu Potsdam beigesetzt und das Andenken an ihn bleibt in seinem Nachruhme, der in aller Herzen für ewige Zeiten sich befestigt hat.

König Friedrich Wilhelm II.

Von 1786 bis 1797.

Nach dem Tode des ewig unvergeßlich bleibenden Königs Friedrich II. bestig der Neffe desselben, ein Enkel Königs Friedrich Wilhelm I. also Friedrich Wilhelm II. Sohn des 1758 verstorbenen Prinzen August Wilhelm, den Thron.

Geboren den 25sten September 1744, genoß er seine Erziehung unter Leitung des Generals von Bork und verrieth bei seiner Ausbildung einen durchdringenden Verstand und eine geregelte Urtheilskraft. — Der Tonkunst war er besonders zugethan und meisterhaft spielte er das Violoncell.

Auch ihm lag das Wohl, Glück und Gedeihen des Landes und die Handhabung des Rechts sehr am Herzen. Für die Wahrheit des Letztern gilt das allgemeine Landrecht, welches er, nachdem Friedrich II. es angefangen, vollendet hat, als untrügliches Zeugniß.

Von seinem Muthe und seiner Tapferkeit als Feldherr gab er schon bei Friedrich's II. Regierungszeit den sichersten Beweis, und seine Theilnahme an den Kriegsbegebenheiten in den Niederlanden, der Türkey und Polen, von welchem letztern ihm Theile zur Vergrößerung seines Staates zufielen, die unter dem Namen: Südpreußen bekannt sind, die vollkommenste Bestätigung.

In seine Regierungsperiode fällt der, für die Geschichte höchst wichtige Revolutionskrieg in Frankreich, an dem er ebenfalls Theil nehmen mußte.

Seine Kriegesanstrengungen wirkten später sehr nachtheilig auf seine Gesundheit, und, nachdem er schmerzhaft an der Wassersucht gelitten, starb er **1797** am 16ten November zu Potsdam, während sein Leichnam in der Domkirche zu Berlin beigesetzt wurde.

Als, für das Wohl seiner Unterthanen sorgender Landesvater, schaffte er alle drückende Einrichtungen ab, und brachte nützlichere und, dem Staate vortheilhaftere in ihre Stelle. Ihm verdanken das Oberschulkollegium (1787), die Ingenieurakademie (1788), die Akademie der bildenden Künste (1790), die Artillerieakademie (1791), die militärische Pflanzschule und die israelitische Freischule zu Breslau, welche von ihm Wilhelmsschule genannt ward, ihre Entstehung.

König Friedrich Wilhelm III.
Von 1797 bis 1840.

Bis jetzt hat die vaterländische Geschichte zwei wichtige Dinge gelehrt:

1. die Entwickelung des preußischen Staates selbst, indem aus einem unsprünglich gräflichen Stamme ein großes, umfangreiches Königreich hervorgegangen, und
2. die erbliche Reihefolge seiner Regenten, als Kurfürsten und Könige.

Diese Regenten, die Zeit ihrer Regierung, ihren Karakter und ihre Thaten konnten wir jedoch bloß aus der Mittheilung der Geschichte allein kennen lernen, weil sie lange vorher, ehe wir geboren waren, gelebt haben. Den König aber, von dem jetzt die Rede sein soll, haben viele von uns persönlich gekannt: denn erst wenige Wochen sind verflossen, daß er seinen Geist aufgab und zu einem bessern Leben entschlummerte und diejenigen von uns, die, ihn zu sehen, nicht Gelegenheit hatten, wissen doch wenigstens, von welchem Monarchen der preußische Staat während dieses Zeitraumes regiert wurde. Dieser Umstand also, vorzüglich aber unser eigenes Bewußtsein, daß alle Unterthanen unter dem Zepter dieses frommen Königs höchst glücklich und zufrieden gelebt, verdienen es, daß wir sowohl ihm, als auch der Schilderung seiner, durch Edelmuth und Herzensgüte ausgezeichneten Gesinnungen und Grundsätze; der Erzählung von seinen Thaten und Erfahrungen, der Bezeichnung seiner unvergleichlichen Großmuth und Bescheidenheit im Glück und seiner unerschütterlichen Standhaftigkeit im Unglück, so wie endlich der treuen Darstellung seines musterhaft gottesfürchtigen Lebenswandels, die ungetheilteste Aufmerksamkeit zu wenden und bei seiner erinnerungswerthen Geschichte etwas länger verweilen.

Der Hintritt des Königs Friedrich Wilhelm II. führte seinen ältesten Sohn,

Friedrich Wilhelm III.,

geboren den 3. August 1770, am 16. November 1797 auf den Thron. An Herz und Gefühl höchst veredelt, war er dessen in jeder Beziehung würdig, und der Tag seines Todes bezeichnet treffend das hohe Glück, dessen seine Unterthanen unter seiner weisen Regierung sich erfreuten, denn ein höherer Grad von inniger und herzlicher Verehrung, die nicht nur von Seiten seines preußischen Volkes, sondern auch mit demselben Enthusiasmus von allen europäischen Regenten, dem hohen Verklärten aus unverkennbarer Dankbarkeit gezollt wurde, übersteigt jede Schilderung und gibt den schlagendsten Beweis von der gemüthlichen Zufriedenheit seiner Landesbewohner unter dem Schutze seines Zepters. — Die Entwickelung seiner geistigen Talente, so wie die Veredelung seines frommen

Herzens, hatte der, von Gott und der Welt geliebte König theilweise dem wissenschaftlichen Unterrichte zu verdanken, dessen er unter Leitung des Geheimen Raths Benisch und des Generallieutenants Backhoff genoß und der höchst einflußreich auf seine, der Gerechtigkeit entsprechenden Grundsätze einwirkte.

Letztere waren es vorzüglich, die ihm zur Seite standen, für einen segensreichen Erfolg das Zepter zu führen und als ein Muster wahrer Frömmigkeit seinem Volke vorzuleuchten. Ueberall verkündigte sich in seinen Gesetzen und Verordnungen Weisheit und Liebe und alle hatten sie das Heil seiner Unterthanen zum Zwecke. Werfen wir einen Blick auf sein häusliches Leben, so finden wir friedliche Stille mit haushälterischer Ordnung gepaart und unbefleckte Sittenreinheit als heilige Tugend bezeichnet. Wollen wir aber ein schönes, herrliches Vorbild eines ehelichen Glücks, von Liebe, Treue und Einigkeit erzeugt, dem Auge vorführen, so dürfen wir nur der Verbindung mit seiner königlichen Gemahlin erwähnen.

Louise (Auguste Wilhelmine Amalie) hieß diese gekrönte Gattin! Sie war eine Tochter des Herzogs Karl von Meklenburg-Strelitz, 1776 zu Hannover, wo dieser Gouverneur war, geboren, und am 24. Dezember 1793 mit Friedrich Wilhelm III., damals noch Kronprinz von Preußen, vermählt. In ihrem 6. Jahre schon mutterlos geworden, genoß sie anfangs bei einem Fräulein von Wohlzogen, später aber unter Aufsicht ihrer Großmutter zu Darmstadt — deren Tochter, Prinzeß Friederike Karoline Luise von Hessen-Darmstadt, ihre Mutter war — einer solch trefflichen Erziehug, die eine regelrechte Entwickelung ihrer geistigen Anlagen klar bekundete und im Berufe einer liebevollen Landesmutter des preußischen Volkes ihr sehr zu Statten gekommen war. Von Natur mit einem hellen Verstande begabt, lernte sie schon frühzeitig die wahre Bestimmung des Menschen kennen und mit jedem Tage suchte sie sich tugendhafte Gesinnungen eigen zu machen und sie durch ein zartfühlendes Herz kund zu thun. Ihr Streben war nur auf das Wahre, Gute, Edle und Schöne gerichtet und diese herrlichen Eigenschaften erwarben ihr Liebe, Zuneigung und innige Verehrung. Von Hoheit geschmückt und Milde geadelt, war sie würdig, die Landesmutter eines großen Volkes zu sein, und mit Eifer zollte ihr jeder Unterthan die ihr gebührende Kindesliebe, denn ihre ausnehmende Bescheidenheit und Herablassung, so wie ihre lebhafte Theilnahme an dem Schicksal aller, von unfreundlichen Verhältnissen heimgesuchten Leidenden bezeichneten ihre majestätische Anmuth und waren trefflich geeignet, ihr die dankbarsten Herzen zu erwerben. Wie sie aber als große Königin leutselig vor dem Volke stand, eben so war sie ein Vorbild als Gattin und Mutter, denn auch im Zirkel ihrer Häuslichkeit war Friede mit Zufriedenheit vereinigt und so das

Glück ihrer Gemächer begründet. — Doch leider! nicht lange waren ihr die irdischen Freuden vergönnt. Denn schon 1805 trübte sich die allgemeine Ruhe dadurch, daß ein kriegerisches Gewölk am politischen Horizont sich zur Schau stellte. Von Frankreich her verbreitete sich eine Feindseeligkeit über ganz Europa und Louise beurtheilte ihre Richtung so treffend und durchschauete das Plansystem des französischen Kaisers Napoleon so klar, daß sie wohl das Unheil erkannte, welches Letzterer über Deutschland anzustiften im Sinne führte, besonders aber den preußischen Staat treffen müßte. Was sie ahnte, traf leider gar zu bald ein, denn in Folge der, am 14. Oktober 1806 bei Auerstädt (in der Provinz Sachsen, dem Regierungsbezirk Merseburg) und Jena (im Großherzogthum Weimar) auf eine mörderische Weise stattgefundenen Doppelschlacht, ward die ganze preußische Armee völlig zernichtet und die Herrschaft ihres Monarchen so entkräftet, daß dieser mit seiner theuern Gemahlin und ganzen Königsfamilie die Residenz verlassen und die Flucht nach Ostpreußen nehmen mußte. Diese traurigen Erfahrungen konnten auf das Gemüth der zartfühlenden Königin nicht ohne wehmüthigen Erfolg bleiben und mußten ihre große Seele mit tiefer Besorgniß erfüllen. — Allmählig fing ihre Gesundheit an zu wanken, besonders nachtheilig aber wirkte der Verlust eines ihrer theuern Kinder, des Prinzen Ferdinand, der einer Krankheit unterlag. Ihrem Königlichen Gemahl treu zur Seite, war sie im Dezember 1806 in Königsberg angekommen, allein auch hier genoß sie nicht der innern Gemüthsruhe, denn die niederbeugendsten Nachrichten, die in's preußische Kabinet eingingen und die Schreckensbootschaft, daß der Feind (die Franzosen) sich auch Königsberg näherten, übten den schädlichsten Einfluß auf sie aus und nöthigten sie, im erkrankten Zustande an einem Wintertage, in Betten gehüllt, nach Memel zu fahren. Gleichwohl erholte sie sich daselbst, sowohl durch die ermunternden Tröstungen, die ihr von ihrem höchsten Familienkreise zugesprochen wurden, als auch durch die freudigen Empfindungen über die ununterbrochen fortdauernde Treue und Anhänglichkeit ihrer Unterthanen; allein die am 14. Juni 1807 Statt gefundene Schlacht bei Friedland bewirkte wieder einen Rückfall, dessen ungeachtet sie sich jedoch ermuthigte, den Verhandlungen zu Tilsit, die am 9. Juli 1807 zwar einen Frieden hervorriefen, dem Könige aber keinen Vortheil brachten, indem vielmehr in dessen Folge Preußen damals von seiner Höhe in die Tiefe einer anhaltenden Ohnmacht und Unselbstständigkeit gesunken, persönlich beizuwohnen. Der Friede führte wohl für Preußens Bewohner einige Ruhe herbei, in Louisens Gemüth aber kehrte nie mehr die Heiterkeit ihres frühern Lebens zurück. Zu Ende 1807 ging sie wieder nach Königsberg und am 23. Dezember 1809 langte sie, nach mehrjähriger Trennung endlich wieder in Berlin an.

Der Tag hatte eine wehmüthige Erinnerung hervorgebrcht, denn 16 Jahre früher hatte sie an demselben Tage und in derselben Stunde ihren Einzug in diese Residenzstadt gehalten! Gleichwohl erleichterte ihr die Liebe ihres Volkes einen jeden ihrer Schritte, doch umflorten die trüben Verhältnisse der damaligen Zeit immer noch ihr Gemüth und reges Zartgefühl. Erholung, durch gemüthliche Ruhe bewirkt, war ihr höchster Bedarf, und in der Hoffnung, dieselbe im väterlichen Hause zu finden, reiste sie, dem Anscheine nach, völlig gesund, den 25. Juni 1810 auf das Lustschloß Hohenzieritz, wo sie aber nach wenigen Tagen von einem heftigen Brustfieber befallen wurde und, aller ärztlichen Hülfe ungeachtet, ihren Geist aufgab. Es war dieß am 19. Juli 1816 Vormittags 9 Uhr, der schmerzhafte Augenblick, der eines Jeden Herz mit Trauer erfüllte. — 5 Stunden früher war ihr Königlicher Gemahl von Berlin angekommen, um sich noch einmal an seiner geliebten Louise, dem Theuersten seines Herzens zu weiden. Ihr Tod war eine schreckliche Niederbeugung aller Gemüther und nie wird die Zeit das Andenken an sie vernichten. Des Königs Verlust durch diese herzblutende Trennung vermochten Worte nicht hoch genug zu schätzen und noch an sein letztwilliges Vermächtniß wußte der zartfühlende Regent die unauslöschliche Erinnerung an seine musterhafte Lebensgefährtin durch rührende Ausdrücke anzuknüpfen. Einen besondern Beweis seiner Treue gab er dadurch, daß er im Schloßgarten zu Charlottenburg ein geschmackvolles Grabmal erbauen und am 19. Dezember des Jahres ihres Hinscheidens ihre theuern Ueberreste bestatten ließ. Noch alljährlich wallen die Berliner am Sterbetage der heimgegangenen Landesmutter dahin, um ihr Denkmal und ihre Statue, welche sie schlummernd darstellt, zu sehen. — Ihrem glorreichen Andenken ist die Louisenstiftung gewidmet. — War nun Louise, ihrer majestätischen Größe würdig, in die ewige Ruhe heimgekehrt, so hatte doch ihr königlicher Gemahl der Kämpfe und Widerwärtigkeiten noch viele zu überstehen. Gleich Anfangs bei der Thronbesteigung im Jahre 1797 offenbarte sich dem preußischen Lande und Volke das Muster von Einsicht und Rechtlichkeit, tugendhafte Eigenschaften, welche Friedrich Wilhelm dem Dritten den Namen eines liebens- und verehrungswerthen Königs erwarben.

Während andere europäische Mächte in kriegerischen Stürmen gegen Frankreich (unter dem Kaiser Napoleon) sich bewegten, war es Grundsatz des preußischen Kabinets, die strengste Unpartheilichkeit zu beobachten, indem es an der Ausübung der Feindseligkeiten anderer Nationen gegen die Franzosen keinen Antheil nahm. Doch ward diese friedliche Gesinnung durch unredliche Absichten des französischen Kaisers, die Friedrich Wilhelms redliches Gemüth nicht billigen konnte, im Jahre 1806 erschüttert und Letzterer dadurch gezwungen, feindlich gegen Napoleon aufzutreten.

Sachsen, damals noch Churfürstenthum, und Hessen-Cassel schlossen sich, Ersteres jedoch bloß nothgedrungen und Letzteres nur bedingungsweise dem preußischen Heere an, während Rußland ernstlich thätige Hülfe angelobt hatte. Die Kriegserklärung des preußischen Hofes gegen Frankreich beruhete bloß auf dem Antrage, daß die Franzosen, welche sich eigenmächtig in Deutschland ausgedehnt hatten, dasselbe wieder räumen und nach ihrem Vaterlande zurückkehren möchten. So natürlich nun dieser Antrag in den Augen eines jeden Gerechten auch erscheinen mußte, weil die französischen Fremdlinge viele Städte nur widerrechtlich besetzt hatten, so ward er dennoch von Napoleon abgelehnt, und Preußen ward dringend genöthigt, sich gegen Frankreich zu rüsten. In diesem wichtigen Entschluß und dessen Ausführung war das Unerforschliche des göttlichen Rathschlusses nicht zu verkennen, denn vom Himmel war es verhängt, daß Preußen eine Zeit lang unter dem Druck eines fremden

Tyrannenjoches seufzen sollte, um später in vollerem Glanze wieder hervortreten zu können. In Folge dieser Bestimmung der allweisen Vorsehung, mußten die Krieges-Bewegungen einen unglücklichen Ausgang für Preußen nehmen und dessen Armee dem feindlichen Schwerdte unterliegen. Kaum hatte sich am 9. Oktober 1806 das Signal der Feindseligkeiten kund gethan, als schon am folgenden Tage der Vortrab des Preuß. Heeres bei Saalfeld (im Herzogthum Sachsen-Koburg-Altenburg) zurückgedrängt wurde und der muthvolle Prinz Louis von Preußen, seiner bewundernswerthen Tapferkeit ungeachtet, den Tod fand. Noch unheilschwerer aber war für Preußen die am 14. Oct. desselben Jahres gelieferte Doppelschlacht bei Jena und bei Auerstädt, in welcher Letztern der Herzog von Braunschweig, als Preuß. Heeranführer eine tödtliche Verwundung erhielt, in deren Folge er bald nachher starb.

Diese in der Staaten-Geschichte der neuern Zeit ewig denkwürdig bleidende Schlacht war, nach höherer Bestimmung, für Preußen so unglücklich entscheidend, daß der König einen sehr großen Theil seines Landes verlor und er selbst die Flucht nach Ostpreußen nehmen mußte; während der, vom merkwürdigsten Glück begünstigte Kaiser Napoleon schon am 27. Oktober seinen Einzug in die wehrlose Hauptstadt der preußischen Monarchie hielt. — In Memel angekommen, sammelte Friedrich Wilhelm sein Heer von Neuem und es begannen, von dem russischen Kaiser, seinem treuen Verbündeten kräftig unterstützt, neue Rüstungen gegen den, in Ostpreußen eingedrungenen Feind. Doch auch hier war den Preußischen Kriegern das Glück unhold, denn die am 7. und 8. Februar bei Preußisch Eylau und am 14. Juni 1807 bei Friedland (beide im Regierungsbezirk Königsberg) gelieferten Schlachten machten Napoleon ebenfalls zum weltberühmten Sieger und dem überwundenen Könige von Preußen blieb nichts Anderes übrig, als zu einem Friedens-Antrage seine Zuflucht zu nehmen.

In der That kam auch ein solcher zu Stande und ward am 9. Juli zu Tilsit abgeschlossen. So wohlthuend und heilbringend indessen der Zweck eines Friedens für die Ruhe der Völker auch immer zu sein pflegt, so umschloß der Tilsiter Frieden für Preußen dennoch keine vortheilhafte Bedingungen, denn in Folge dessen mußte Friedrich Wilhelm solche Provinzen abtreten, die seit Jahrhunderten seinem Hause treu ergeben gewesen waren, so, daß die Hälfte seines Reiches verloren ging; außerdem aber mußte er es ruhig zugeben, daß selbst die, seinem Zepter noch verbliebenen Länder von den französischen Truppen besetzt gehalten und seine treuen Unterthanen von ihnen gleichsam ausgesaugt wurden. — Selbst Berlin räumten sie erst im Dezember 1808 und erst am Ende des Jahres 1809 konnte der, von seinem anhänglichen Volke heiß zurückgesehnte König in seine Residenz wieder einziehen. Je größer aber die Anstrengung des biedern Monarchen seinen Zeitgenossen erschien, desto würdiger erhob er sich durch die bescheidene Ergebung in sein Schicksal und mit Ruhe und beispielloser Gleichmuth ertrug er seine Leiden um so leichter, als er in den herben Schickungen und unglücklichen Erfahrungen die Hand Gottes erkannte und den Willen der himmlischen Allweisheit verehrte.

So von Gottesfurcht belebt und mit vollem Vertrauen auf den Herrn ausgerüstet, war es nach seiner Rückkehr sein erster Grundsatz, das Wohl seiner Unterthanen, das durch feindliche Hand gefährdet worden war, mit nur erdenklicher Möglichkeit wieder hervorzurufen und sie selbst mit den erfreulichsten Hoffnungen zu beleben. Vertrauen auf Gott, wenn es von einem redlichen Gemüthe verwahrt und genährt wird, bleibt nie unbelohnt, und so fand auch Friedrich Wilhelm in dem himmlischen Beistande wieder reichlichen Ersatz für seine herben Verluste. Napoleon's Uebermuth führte diesen nämlich im Jahre 1812 nach Rußland, um auch dieses mächtige Reich kriegerisch zu erobern; statt aber nach Gewohnheit auch dort den Siegeslorbeer zu finden, mußte er nur Schande und Schmach erndten und völlig zerrüttet in seine Heimath (nach Frankreich) zurückkehren. Dieses trübe Gewölk, das den Horizont des stolzen Kaisers zu dunkeln begann, erschien allen andern Mächten Europa's als ein glänzender Stern, der der ganzen Welt nur Freude Glück und Ersprießlichkeit andeutete. Brüderlich boten sämmtliche Staatenbeherrscher unseres Erdtheils einander die Hand und, von Gottes Schutz und Beistand gekrönt, verjagten sie, in Folge mehrerer in den Jahren 1813, 1814 und 1815 überstandenen siegreichen Kämpfen, bei denen sich der deutsche Muth wie lodernde Feuersgluth zeigte, den großen Napoleon von seinem Throne und befreieten auf diese Weise alle, durch seine Macht gedrückten Völker von ihrem schmerzhaft empfundenen Joche, dessen Abschüttelung sie um so gewisser wurden, als der, seiner Regierungsgewalt entsetzte Kaiser am 4. Mai 1821 auf der Insel St. Helena (in Afrika) wohin er als Staatsgefangener gebracht wurde, seinen Geist aufgab*). Deutschland konnte nun wieder frei athmen und sich erholen; der preußische Staat ward bedeutend vergrößert und Preußen's König fing nun mit erneuerter Kraft und rastloser Sorgfalt an, durch verschiedenartige Einrichtungen, Anstalten, Verbesserungen und Verordnungen den göttlichen Seegen über sein Land und Volk hervorzurufen. Alles gewann durch sein unermüdetes redliches Streben: die Gewerbe, die Kunst und die Wissenschaft**), denn sein reger Sinn für's Gute und

---

*) Am 15. Dez. 1840 ließ die franz. Regierung unter König Louis Philipp, von dem Minister Thiers dazu veranlaßt, Napoleon's Asche nach Paris bringen und daselbst beisetzen.

**) Unter die zahllosen nutzreichen Einrichtungen und Anstalten, die Friedrich Wilhelm III. zum Wohl

Nützliche suchte unaufhörlich das Wohlergehen seiner Unterthanen zu befördern und deren zufriedene Stimmung zu erhalten. Diese, einem frommen Regenten würdigen Gesinnungen verschafften ihm um so natürlicher die ungeheuchelte Liebe, treue Anhänglichkeit und Verehrung seines Volkes, als dasselbe in allen seinen Gesetzen und Verordnungen die reinsten, strenge Gerechtigkeit bekundende Absichten seines erhabenen Monarchen erkannte.

Wie er aber selbst durch tugendhaften Bie-

---

seiner Staatsbewohner getroffen, gehören vorzüglich die, 1810 zu Berlin, und 1818 zu Bonn gestifteten Universitäten, nachdem im Jahre 1811 die zwischen 1486 — 1506 zu Frankfurt a. O. errichtete Universität nach Breslau übergegangen war. — Zu den Verschönerungen der Residenz, die sowohl die Beförderung der Kunst und Wissenschaft bezwecken, rechnen wir das prachtvolle Museum, zur Aufbewahrung der Alterthümer und Kunstwerke bestimmt (1830 am 3. August feierlich eröffnet), der zwischen diesem und dem Schlosse angelegte Springbrunnen, der höchst nützliche Telegraph, die Anlegung des neuen Thors u. m. A.

dersinn seinen Thron zu verherrlichen strebte, wußte er sein Gerechtigkeitsgefühl mit seinen musterhaften Grundsätzen auch auf das edelmüthige Herz seiner hinterlassenen erlauchten Kinder zu übertragen. Die Letzteren finden wir im Geschlechtsregister in nachstehender Geburtsfolge aufgeführt, als:

1. Der jetzige König Friedrich Wilhelm IV., geboren den 15. Oktober 1795,
   vermählt seit dem 29. November 1823 mit Elisabeth Ludovike, Schwester des Königs von Baiern.
2. Der Prinz von Preußen, Friedrich Wilhelm Ludewig, geb. den 22. März 1797,
   vermählt seit dem 1. Juni 1829, mit Marie Louise Auguste Katharina, Tochter des Großherzogs von Sachsen-Weimar.
3. Die Kaiserin von Rußland, Alexandra Feodorowna (als Preußische Prinzessin Friedrike Luise Charlotte), geboren den 13. Juli 1798 und

vermählt seit dem 13. Juli 1817 mit Nikolaus I., Kaiser von Rußland.

4. Der Prinz Friedrich Karl Alexander, geboren den 29. Juni 1801,

vermählt seit dem 26. Mai 1827 mit Marie Luise Alexandrine, Schwester der vorgenannten Prinzeß von Preußen.

5. Die Großherzogin Friederike Wilhelmine Alexandrine Marie Helene, geboren den 23. Februar 1803,

vermählt seit dem 25. Mai 1822 mit dem Großherzog Paul von Meklenburg-Schwerin.

6. Die Prinzeß Luise Auguste Wilhelmine Amalie, geboren den 1. Februar 1808,

vermählt seit dem 1. Mai 1825 mit dem Prinzen Friedrich der Niederlande.

7. Der Prinz Friedrich Heinrich Albrecht geboren den 4. Oktober 1809,

vermählt seit dem 14. September 1830

mit Wilhelmine Friedrike Luise Mariane, Tochter des Königs der Niederlande.

Diese anmuthigen Früchte seiner überaus glücklichen Ehe der, leider zu früh entschlafenen Luise labten durch ihr herrliches Gedeihen das Herz ihres, von allen Preußen innigst geliebten Vaters, der seit dem Jahre 1815, welches den kriegerischen Qualen und der fränkischen Unterjochung ein Ziel setzte und den heilbringenden Saamen zum fernern Frieden und beruhigenden Leben ausstreuete, der Freuden und glücklichen Zeiten mehrfach genoß. Die Freiheit war errungen, die Unterthanen fühlten sich von neuem gekräftigt und sahen in dem neuen Zustande ihres Vaterlandes die schönste Blüthe einer reifern Zukunft; die Kinder waren zu Männern herangereift und durch Verschwägerung mit den angesehensten Höfen Europas in die günstigsten Verhältnisse getreten; sein höheres Alter ward durch die Zartgefühle und treue Anhänglichkeit einer neuen Lebensgefährtin, der Fürstin von

Liegnitz, Auguste, gebornen Gräfin von Harrach gepflegt und erheitert — alle diese angenehmen Empfindungen mußten nur das fromme Gemüth des Königs auf die erquickendste Weise aufrecht erhalten. Waren die ersten 18 Jahre seiner Regierung unter mannichfachen Leiden, bittern Erfahrungen und Anstrengungen vorübergegangen; so brachten ihm die letzten 25 Jahre Entschädigung und Ersatz in doppeltem Maaße, und geistig und körperlich gestärkt durch das innere Bewußtsein, streng gewissenhaft gehandelt zu haben vor Gott und der Welt und für seine eigene Vervollkommnung im Guten, so wie für das Heil seines Volkes, stand er bei der Annäherung an das Greisenalter in einer Kraft da, die je den Bewundernswürdigkeiten seiner Zeitgenossen gehörte. Ja sein Standpunkt hatte eine Höhe erreicht, der sich sobald ein, früher seines Eigenthums beraubt gewesener Monarch nicht rühmen kann, und die Verehrung, Hochschätzung und ausgezeichnete Liebe, die ihm in den Palästen anderer Landesregenten, wie in den niedrigsten Hütten seiner Landesbewohner mit Herzlichkeit gezollt wurden, geben den klarsten Beweis davon. Unvergeßlich wird uns, die wir Augenzeugen waren, unvergeßlich wird allen Preußen das Gefühl bleiben, dessen sich die erschreckten Gemüther bemächtigte, als die traurige Nachricht sich verbreitete, der König von Preußen sei verschieden, Friedrich Wilhelm der Dritte sei in's ewige Leben hinüber gegangen. Ein Jeder, der sie hörte, fühlte sein Herz vor Schreck pochen, beklommen und beengt und der Drang des Schmerzes hemmte den Lauf der Thränen, die man weinen wollte, um sich Erleichterung zu verschaffen. Am Sonntage, den 7. Juni 1840, Nachmittags 3½ Uhr — es war gerade der erste Pfingstfeiertag — erscholl die niederschlagende Kunde wie ein betäubendes Ungewitter durch alle Räume der Residenz: unser König ist entschlafen. Von allen Gesichtern war das Abzeichen ihrer Empfindung zu lesen und jetzt erst trat die lebhafte Schilderung seines gottesfürchtigen Lebenswandels, seines gerechten Sinnes und Wirkens in mannichfachen Bezeichnungen hervor. Am folgenden Morgen las man in den, mit schwarzen Einfassungen versehenen Berliner Zeitungen Folgendes:

Berlin, vom 7. Juni.

„Nach dem unerforschlichen Rathschlusse Gottes vollendete heute Nachmittags 3½ Uhr Unser geliebter König, Se. Majestät Friedrich Wilhelm der Dritte, der Vater seines Volkes die irdische Laufbahn."

„Die Folge eines wiederholten Anfalls der Grippe, an welchem Seine Majestät seit einigen Wochen erkrankt waren, führten in den letztern Tagen eine stärkere Abnahme der Kräfte und dadurch einen Zustand herbei, der allen Anstrengungen der Natur und der Kunst erfahrener Aerzte widerstehend, dem theuern und reichgesegneten, aber auch viel geprüften Leben Sr. Majestät unter den heißesten Thränen sämmtlicher in diesem Augenblick um Ihn versammelten Königlichen Kinder und der Prinzen und Prinzessinnen des Königlichen Hauses ein Ziel setzte*)."

Donnerstag den 11. Juni, Vormittags 11 Uhr, ward die hohe Leiche, nachdem sie schon am 9. aus dem Palais des Hochseeligen in das große Schloß gebracht und dem Publikum zur Parade gestellt war, unter Trauergeläute und

---

*) Zur leichtern Ertragung seiner körperlichen Schmerzen trug der, für seine höchstseelige Majestät sehr angenehm gewesene Umstand, daß während der Krankheit des hohen Verklärten bis zu seinem Dahinscheiden, sämmtliche Kinder, Schwiegerkinder und Enkel desselben um sein Sterbebette versammelt, und sogar wenige Stunden vor der erfolgten irdischen Vollendung sein erlauchter Schwiegersohn, der Kaiser Nikolaus, in Berlin angekommen war, um den letzten Vatersegen zn empfangen.

den rührendsten Formen in die Domkirche bestattet, in der folgenden Nacht aber in geräuschloser Stille nach Charlottenburg gebracht und in der dortigen Königlichen Gruft beigesetzt. Die innige Theilnahme an dem herben Verluste des königlichen Verklärten führte nicht nur den gewaltigen Andrang einer unbeschreiblichen Menschenmasse herbei, sondern veranlaßte auch viele auswärtige Fürstenhäupter, dem geliebten und verehrten Monarchen durch ihre Anwesenheit in der Residenz die letzte Ehre zu beweisen. So erhob sich Friedrich Wilhelm der Dritte, nachdem er 43 Jahre lang das Zepter auf die liebevollste Weise und mit der strengsten Gerechtigkeit geführt hatte, von seinem irdischen, ruhmvollen Throne nach jenen himmlischen Räumen hinauf, wo Chöre heiliger Engel seine reine, unbefleckte Seele empfingen und ihm den Genuß der Seeligkeit bereiteten.

König Friedrich Wilhelm IV.
Seit 1840.

Der Sonnenuntergang, der durch den Tod Friedrich Wilhelm des Dritten das Auge eines jeden Preußen trübte, führte ein heiteres, anmuthvolles Morgenroth herbei, das mit Freundlichkeit das eingetretene Dunkel wieder klärte und stärkende Hoffnung verkündete. Das trauernde Herz findet kraftvollen Trost in dem erlauchten Nachfolger des Höchstverblichenen, in Friedrich Wilhelm **IV.**, der sein Königshaupt mit der Regentenkrone schmückt und dessen Zepter seinem Volke Heil bringt.

Friedrich Wilhelm **IV.**, unser jetzt regierender König — Gott erhalte ihn bei'm besten Wohl! — ist am 15. Oktober 1795 geboren. Sein merkwürdiges Talent und sein bewundernswerther Scharfsinn, mit denen die

Natur ihn begabt, zeichnen ihn auf's rühmlichste und großartigste aus und die regelrechte Erziehung, deren er unter den vortrefflichsten Pädagogen genoß, so wie endlich sein unermüdetes Streben, durch zweckmäßigen Unterricht seine geistigen Anlagen immer mehr zu entwickeln und seine vielseitig wissenschaftliche Ausbildung zu befördern, erwarben ihm eine Fülle von nutzreichen Kenntnissen, die ihm, als umsichtigen Regenten sehr zu Statten kommen. Im Besitz eines edelmüthigen Karakters, ist er gleichzeitig mit Einsicht und gerechtem Willen ausgestattet, und diese Eigenschaften nähren und befestigen die Hoffnung aller Preußen, daß der neue Monarch nur das Gute, das Glück und das Heilbringendste seiner treuen Unterthanen im Auge habe und möglichst zu erreichen stets bemühet sein werde. — Um sich seinem Volke auf die freundlichste und liebevollste Weise zu nähern und dasselbe zu Ansprüchen auf seine Gnade, sein Wohlwollen, seine Huld und seine Gerechtigkeit zu ermächtigen, geruhete der erhabene Monarch, wenige Tage nach seiner Thronbesteigung, durch die Zeitungen folgende letztwilligen Worte seines erhabenen königlichen Vaters mitzutheilen.

Dieselben verdienen es, für die spätesten Zeiten im Nachklange zu bleiben und lauten also:

„Mein letzter Wille.

„Meine Zeit mit Unruhe, meine Hoffnung in Gott!

„An Deinem Seegen, Herr, ist alles gelegen!
Verleihe Mir ihn auch jetzt zu diesem Geschäfte."

„Wenn dieser Mein letzter Wille Meinen innigst geliebten Kindern, Meiner theuern Auguste*) und Meinen übrigen lieben Angehörigen, zu Gesicht kommen wird, bin Ich nicht mehr unter ihnen und gehöre zu den Abgeschiedenen. Mögen sie dann bei dem Anblick der ihnen wohlbekannten Inschrift: — Gedenket der Abgeschiedenen — auch Meiner liebevoll gedenken!

Gott wolle mir ein barmherziger und gnädiger Richter sein und meinen Geist aufnehmen, den Ich in seine Hände befehle. Ja, Vater, in Deine Hände befehle ich meinen Geist! In einem Jenseits wirst Du Uns alle wieder vereinen, möchtest Du uns dessen in Deiner Gnade würdig finden, Amen.

Schwere und harte Prüfungen habe Ich nach Gottes weisem Rathschluß zu bestehen gehabt, sowohl in Meinen persönlichen Verhältnissen (insbesondere, als Er Mir vor 17 Jahren das entriß, was Mir das Liebste und Theuerste war)

---

*) Fürstin von Liegnitz.

als durch die Ereignisse, die Mein geliebtes Vaterland so schwer trafen. Dagegen aber hat Mich Gott — ewiger Dank sei ihm dafür — auch herrliche, frohe und wohlthuende Ereignisse erleben lassen. Unter die ersten rechne Ich vor allen die glorreich beendeten Kämpfe in den Jahren 1813, 14 und 15, denen das Vaterland seine Restauration verdankt. Unter die letztern, die frohen und wohlthuenden, aber rechne Ich insbesondere die herzliche Liebe und Anhänglichkeit, und das Wohlgelingen Meiner geliebten Kinder, so wie die besonders unerwartete Schickung Gottes, Mir in Meinem fünften Dezennium eine Lebensgefährtin zugeführt zu haben, die Ich als ein Muster treuer und zärtlicher Anhänglichkeit öffentlich anzuerkennen Mich für verpflichtet halte.

Meinen wahren, aufrichtigen letzten Dank Allen, die dem Staate und Mir mit Einsicht und Treue gedient haben.

Meinen wahren, aufrichtigen letzten Dank Allen, die mit Liebe, Treue und durch ihre persönliche Anhänglichkeit Mir ergeben waren.

Ich vergebe allen Meinen Feinden, auch denen, die durch hämische Rede, Schriften oder durch absichtlich verunstaltete Darstellungen das Vertrauen Meines Volks, Meines größten Schatzes (doch Gottlob nur selten mit Erfolg) Mir zu entziehen bestrebt gewesen sind."

Berlin, den 1. Dezember 1827.

(gez.) Friedrich Wilhelm."

„Auf Dich, Meinen lieben Fritz, geht die Bürde der Regierungs-Geschäfte mit der ganzen Schwere ihrer Verantwortlichkeit über. Durch die Stellung, die Ich Dir in dieser Beziehung auf diese angewiesen hatte, bist Du mehr als mancher andere Thronfolger darauf vorbereitet worden. An Dir ist es nun, Meine gerechten Hoffnungen und die Erwartungen des Vaterlandes zu erfüllen — wenigstens danach zu streben. Deine Grundsätze und Gesinnungen sind Mir Bürge, daß Du ein Vater Deiner Unterthanen sein wirst.

Hüte Dich jedoch vor der allgemein um sich greifenden Neuerungssucht, hüte Dich vor unpraktischen Theorien, deren so unzählige jetzt im Umschwunge sind, hüte Dich aber zugleich vor einer fast eben so schädlichen, zu weit getriebenen Vorliebe für das Alte, denn nur dann, wenn Du diese beiden Klippen zu vermeiden verstehst, nur dann sind wahrhaft nützliche Verbesserungen gerathen.

Die Armee ist jetzt in einem seltenen guten Zustande; sie hat seit ihrer Reorganisation Meine Erwartungen wie im Kriege so auch im Frieden erfüllt. Möge sie stets ihre hohe Bestimmung vor Augen haben, möge aber auch das Vaterland nimmer vergessen, was es ihr schuldig ist.

Verabsäume nicht, die Eintracht unter den Europäischen Mächten, so viel in Deinen Kräften, zu befördern; vor allem aber möge Preußen,

Rußland und Oesterreich sich nie von einander trennen; ihr Zusammenhalten ist als der Schlußstein der großen Europäischen Allianz zu betrachten.

Meine innig geliebten Kinder berechtigen Mich Alle zu der Erwartung, daß ihr stetes Streben dahin gerichtet sein werde, sich durch einen nützlichen, thätigen, sittlich reinen und gottesfürchtigen Wandel auszuzeichnen; denn nur dieser bringt Segen, und noch in Meinen letzten Stunden soll dieser Gedanke Mir Trost gewähren.

Gott behüte und beschütze das theuere Vaterland!

Gott behüte und beschütze unser Haus, jetzt und immerdar!

Er segne Dich, Mein lieber Sohn und Deine Regierung und verleihe Dir Kraft und Einsicht dazu, und gebe Dir gewissenhafte treue Räthe und Diener und gehorsame Unterthanen. Amen!

Berlin, den 1. Dezember 1827.

(gez.) Friedrich Wilhelm."

Diese, aus dem gemüthlichen Innern eines gottesfürchtigen Herzens geflossenen, Worte erregten in dem Gefühle eines Jeden, der sie las und lesen hörte, ein solch' zärtlich gerührte Empfindung, daß seinem Auge unwillkührlich der Thränen gar viele entquollen und mit erneuerter Theilnahme an dem Verluste des vielgeliebten Monarchen weihete man seinem Andenken die ungeheucheltste und uneigennützigste Verehrung. Den Trost über diese Trennung von diesem irdischen Leben aber spricht sich deutlich aus in dem hoffnungsvollen Hinblick auf den, uns hinterlassenen Thronfolger, seinen erlauchten Sohn Friedrich Wilhelm IV., dessen Zepter auf Pfeiler der Gerechtigkeit Liebe, Gnade, Huld und des Wohlwollens gegründet nnd befestigt ist, der unseres Vertrauens, unserer Treue und Anhänglichkeit und Ergebung im vollsten Sinne des Wortes würdig ist, und für dessen theures Leben und Wohl wir täglich beten wollen zu Gott, dem König aller Könige, dem Herrn aller Herren!

Geschichtliche Denkwürdigkeiten.

Alphabetisch geordnet.

Adlerorden, schwarzer, gestiftet 1701 von König Friedrich I.

Akademie der Wissenschaften zu Berlin 1700 unter demselben.

Akademie der bildenden Künste zu Berlin 1790 unter König Friedrich Wilhelm II.

Artillerie-Akademie 1791 unter demselben.

Assekuranz-Kompagnie 1768 unter König Friedrich II.

Bank, Wechsel- und Leih-, 1768 unter demselben.

Bergwerks- und Hütten-Departement 1768 unter demselben.

Bibliothek zu Berlin 1777 unter demselben.

Burggraf, erster von Hohenzollern — Conrad 1180.

unter Kurfürst Friedrich Wilhelm dem Großen zwischen 1640 bis 1688.

Ingenieur-Akademie, 1788 unter König Friedrich Wilhelm II.

Kadettenhaus zu Berlin, 1717 unter König Friedrich Wilhelm I.

Kammergericht zu Berlin, gestiftet vom Kurfürsten Joachim I. zwischen 1499 — 1535.

Kanal bei Müllrose 1668 vom Kurf. Friedrich Wilhelm dem Großen.

Kriege, 2 schlesische und der 7 jährige, geführt von König Friedrich II. von 1740 — 1763.

Landrecht, das, vollendet unter König Friedrich Wilhelm II. zwischen 1786 — 1797.

Militairschule zu Berlin 1766 unter König Friedrich II.

Museum zu Berlin, eröffnet 1830 unter König Friedrich Wilhelm III.

Porzellan-Fabrik zu Berlin, die, wird königlich 1763 unter König Friedrich II.

Postwesen, deutsches 1650 unter Kurf. Friedrich Wilhelm dem Großen.

Ritter-Akademie zu Halle 1688 unter König Friedrich I.

Sanssouci vollendet 1769 unter König Friedrich II.

Universität zu Frankfurt an der Oder unter Kurfürst Johann Cicero zwischen 1486 — 1499, und 1506, und unter dessen Sohn: Joachim I.

Universität zu Duisburg unter Kurf. Friedrich Wilhelm dem Großen, zwischen 1640 — 1688.

Universität zu Halle 1694 unter König Friedrich I.

Universität zu Berlin 1810 unter Friedrich Wilhelm III.

Universität zu Breslau 1811 unter Friedrich Wilhelm III.

Universität zu Bonn 1818 unter Friedrich Wilhelm III.

Waisenhaus zu Potsdam 1722 unter König Friedrich Wilhelm I.

Druck von J. G. Brüschcke.

Zeitfracht Medien GmbH
Ferdinand-Jühlke-Straße 7
99095 Erfurt, Deutschland
produktsicherheit@kolibri360.de